토익 기본기 완성   Week **18**

Contents		Page	Date	Check
Day 01	[Part 3] 의도 파악 문제	02	월 일	☐
Day 02	[Part 6] 문맥 파악 ①	06	월 일	☐
Day 03	[Part 4] 전화 메시지	10	월 일	☐
Day 04	[Part 6] 문맥 파악 ②	14	월 일	☐
Day 05	Weekly Test	18	월 일	☐

Day
01

Part 3
의도 파악 문제

QR코드 하나를
가리고 찍으면 편해요!

▲ MP3 바로듣기 ▲ 강의 바로보기

Part 3에서는 한 명의 화자가 대화 중에 하게 될 말을 문제에서 미리 보여주고, 대화 흐름상 그 말이 어떤 의미/속뜻을 갖는지, 왜 그 말을 하는지 묻는 문제가 나옵니다. 이때 제시되는 문장은 아주 평범한 문장이지만 대화의 앞뒤 정황에 비추어 보면 그 속에 숨은 의미나 의도가 있는데, 이를 알아맞혀 보라는 것이죠.

저는 린 애덤스라고 합니다.
진료 예약을 확인하려고요.

네, 성함이 있군요. 저희 주차장이 공사 중이라 이용할 수 없어요.
하지만 저희 건물은 지하철 역에서 매우 가깝답니다.

대화를 듣고 남자가 "But our building is very close to the subway station"이라고 말한 의도가 무엇인지 맞혀보세요.

> **W:** Hi, my name is Lynn Adams. I'm calling to confirm my appointment with Dr. Smith.
> **M:** Yes, I see your name here. Just to let you know, our parking area is under construction now, so you can't park there. **But our building is very close to the subway station.**
> **W:** Great. I'll leave my car at home, then.

⌐⌐ Q. 이 말을 하는 의도는?
A. 지하철 이용 권고

❶ 앞문장: 공사로 인해 주차장을 이용할 수 없어요.
❷ 인용 문장: 하지만 건물이 지하철역에 아주 가까워요.
❸ 뒷문장: 잘됐네요. 그럼 차를 집에 두고 갈게요.
인용 문장의 앞뒤 내용을 종합해서 유추하면 지하철 이용을 권하는 것임을 알 수 있어요.

여: 안녕하세요, 제 이름은 린 아담스입니다. 스미스 박사님 진료 예약을 확인하려 전화했어요.
남: 네, 여기 성함이 있네요. 한 가지 알려드리면, 저희 주차 공간이 지금 공사 중이라 그곳에 주차하실 수가 없어요.
하지만 저희 건물은 지하철역에서 아주 가깝답니다.
여: 잘됐네요. 그럼 차를 집에 두고 가겠습니다.

■ 의도 파악 문제 형태

의도 파악 문제는 무조건 다음 세 가지 형태로만 제시되기 때문에 의도 파악 문제임을 쉽게 알 수 있어요. 따라서, 문제를 읽을 때 따옴표와 함께 인용 문장이 나오면 의도 파악 문제임을 알고 먼저 인용 문장을 해석한 뒤, 대화에서 해당 문장이 나오는 순간을 잘 포착해야 해요.

What does the woman **mean** when she says, "I'm not sure"?
여자가 "확실하지 않아요"라고 말할 때 그 말의 의미는 무엇인가?

What does the man **imply** when he says, "I'll be out of town next week"?
남자가 "전 다음 주에 다른 지역에 가 있을 거예요"라고 말할 때 그 말의 속뜻은 무엇인가?

Why does the woman **say**, "I did that work when I was an intern"?
여자가 "저도 인턴 때 그 일을 했어요"라고 말하는 이유는 무엇인가?

······· Why ~? 유형의 문제에서 선택지는 To부정사구
(~하기 위해) 형태로 제시되는 경우가 많아요.

Quiz

1 질문을 읽고 인용 문장을 해석해 보세요.

Q. What does the man mean when he says, "Mario studied in Beijing"?

2 대화를 듣고 빈칸을 채워보세요.

> **W**: I just got a fax from a client in China and it's all written in Chinese. I _____ _____ it.
> **M**: You know, **Mario studied in Beijing.**
> **W**: That's right! I'll contact him right away.

3 질문과 선택지를 읽고 정답을 골라보세요.

Q. What does the man mean when he says, "Mario studied in Beijing"?

(A) He thinks Mario can help with the woman.
(B) He wants Mario to go to China.

Hint
대화의 흐름을 따라가며 어떤 상황인지 파악하면 됩니다. 주로 인용 문장 바로 앞에 상황적인 중요 단서가 있고, 문장 바로 다음에 정답에 쐐기를 박는 단서가 나오기 때문에 앞뒤를 다 듣고 최종 판단을 하는 것이 좋아요.

┃ 정답 및 해설 p. 23

Practice | 정답 및 해설 p. 23

오늘 배운 내용을 바탕으로 연습문제를 풀어 보세요.

1 Who most likely is James Tucker?

(A) A writer
(B) A famous critic
(C) A library employee
(D) A sales representative

2 What does the woman imply when she says, "I keep thinking about it"?

(A) She is considering moving to a new house.
(B) She thinks a book is very impressive.
(C) She could not solve a problem at work.
(D) She is concerned about an event schedule.

3 What does the woman offer to do?

(A) Provide the man with a discount
(B) Deliver a product immediately
(C) Lend an item to the man
(D) E-mail some information

4 What position is the man most likely inquiring about?

(A) Web designer
(B) Editor
(C) Branch manager
(D) Accountant

5 What does the man mean when he says, "then it should be okay"?

(A) He is qualified for a job.
(B) He can change a schedule.
(C) He will be available.
(D) He can come up with an idea.

6 What does the woman ask the man to do?

(A) Write an article
(B) Check out a Web site
(C) Provide a photograph
(D) Send a document

Today's VOCA

▲ MP3 바로듣기

01 **conveniently** ★★★
컨뷔년(틀)리 [kənvíːnjəntli]
児 편리하게

be **conveniently** located
편리한 곳에 위치하다

02 **frequently** ★★★
쁘뤼퀀(틀)리 [fríːkwəntli]
児 자주, 흔히

frequently return to our store
우리 매장을 자주 다시 찾다
🔁 **frequent**   형 자주 있는, 빈번한

03 **site** ★★
싸잇 [sait]
명 현장, 장소, 부지

arrive at the construction **site**
공사 현장에 도착하다

04 **locate** ★★
로우케잇 [lóukeit]
동 찾아내다, (장소)에 두다

locate a nearby restaurant
근처의 레스토랑을 찾아내다

05 **near** ★★
니어ㄹ [niər]
형 가까운 전 ~ 근처에 동 ~에 다가가다

in the **near** future
가까운 미래에

06 **almost** ★★
얼-모우스(트) [ɔ́ːlmoust]
児 거의

almost impossible
거의 불가능한

07 **renovate** ★★
뤠너붸잇 [rénəveit]
동 (건축물을) 개조하다, 보수하다

renovate the lobby
로비를 개조하다
🔁 **renovation**   명 (건축물) 개조, 보수

08 **reach** ★★
뤼취 [riːʧ]
동 도달하다, 연락이 닿다 명 도달, (손이 닿는) 범위

reach an agreement
합의에 도달하다

📖 동사 시제 찾기

Part 6에서 출제되는 동사 시제 찾기 문제는 주어진 문장에서 시제의 단서를 찾는 Part 5 문제와는 달리, 문맥을 파악해 시제의 단서를 찾아야 합니다. 즉, 빈칸이 있는 문장뿐만 아니라 다른 문장에 언급되는 날짜나 시제를 찾거나, 제시된 시간 표현 단서가 없다면 지문의 전체 문맥을 파악해 단서를 찾아야 합니다. 동사 시제 찾기 문제가 출제되는 지문의 종류는 대부분 편지나 이메일, 회람 또는 공지, 광고입니다. 해당 종류의 지문들은 대부분 작성 날짜가 지문 상단에 제시되는데, 이를 보고 빈칸에 들어갈 동사의 시제를 찾을 수 있습니다.

🗨 TIP 정답으로 자주 출제되는 지문의 종류와 시제 짝꿍

- 편지/이메일/공지/회람: 앞으로 있을 내용을 공지하므로 미래시제를 사용
- 광고: 현재 제공하는 제품이나 서비스에 대해서는 현재시제/현재진행시제를 사용, 제품 출시나 향후 이벤트에 관련해서는 미래시제를 사용

📝 Example 동사 시제 찾기 예제

To: All staff members / From: Grace Park
Date: October 26

As you all know, our offices will be closed next month, from November 24 to November 30. In order to ensure prompt processing and payment, you may submit reports directly to me by 5 p.m. on November 23. Any reports received after that time ------- **during the week starting December 2.**

수신: 전 직원 / 발신: 그레이스 박
날짜: 10월 26일

모두 아시다시피, 우리 사무실은 다음 달 11월 24일부터 30일까지 문을 닫을 것입니다. 신속한 처리와 비용 지급을 보장하기 위해, 여러분은 11월 23일 오후 5시까지 제게 직접 보고서를 제출하시기 바랍니다. 그 시간 이후에 제출된 모든 보고서는 12월 2일로 시작하는 한 주 동안 ---------.

(A) are processed 처리됩니다
(B) will be processed 처리될 것입니다
(C) were processed 처리되었습니다
(D) have been processed 처리되어 왔습니다

✏️ 이렇게 풀어보세요!

step ❶ 선택지 먼저 보기

선택지를 먼저 봅니다. 선택지가 동사의 여러 시제로 구성되어 있으므로 동사의 시제를 찾는 문제임을 알 수 있습니다. 빈칸이 포함된 문장에 시제 단서가 있는지 먼저 확인합니다.

step ❷ 시제 단서 찾기

빈칸이 포함된 문장에서 빈칸 뒤에 '12월 2일로 시작하는 한 주 동안'이라는 시간 표현이 나와 있습니다. 이 표현만으로는 동사의 시제를 알 수 없으므로 해당 공지가 보내진 날짜를 지문에서 찾아보면 지문 상단에 10월 26일을 확인할 수 있습니다.

step ❸ 날짜 비교하기

12월 2일은 공지를 작성한 날짜인 10월 26일을 기준으로 봤을 때 미래임을 알 수 있습니다. 따라서 미래시제를 나타내는 조동사 will을 사용한 **(B) will be processed**를 정답으로 고르면 돼요.

그 시간 이후에 제출된
모든 보고서는 12월 2일 이후
처리될 것입니다.

오늘 배운 내용을 바탕으로 연습문제를 풀어 보세요.

1

To: Janet Peter
From: Janelle Simpson
Subject: Assessment day
Date: September 19

Dear Ms. Peter,

Thank you for expressing an interest in attending the interview and assessment day with us. In response to your query, the process ------- approximately four hours, beginning on September 29 at 10 A.M. and finishing at 2 P.M.

(A) lasts   (B) will last

memo
_____

2

If you are searching for the ideal place to do all of your child's back-to-school shopping, then you should look no further than the Teasdale Department Store. We ------- all kinds of items that your child needs for school. We sell pens, pencils, notebooks, backpacks, and, of course, all kinds of clothes. Look closely at the items we have for sale.

(A) offer   (B) offered

Today's VOCA

01 permit ★★
똉 퍼-ㄹ밋 [pə́:rmit] 통 퍼ㄹ밋 [pərmít]
똉 허가증 통 허가하다

a parking **permit**
주차 허가증
ⓟ **permission** 똉 허락

02 acquire ★★
억콰이어ㄹ [əkwáiər]
통 (기업을) 인수하다, 취득하다, 습득하다

acquire a company
회사를 인수하다
ⓟ **acquired** 혱 취득한, 습득한, 후천적인

03 alternatively ★★
얼-터ㄹ너팁(을)리 [ɔ:ltə́:rnətivli]
틘 그 대신, 그렇지 않으면

You may use the free shuttle service from
the hotel. **Alternatively**, you can take a taxi.
호텔에서 무료 셔틀 서비스를 이용하실 수 있습니다. 그
대신, 택시를 이용하셔도 됩니다.

04 transition ★★
추랜지션 [trænzíʃən]
똉 전환, 이전

concerns about the system **transition**
시스템 전환에 대한 우려

05 relocation ★★
륄로케이션 [riloukéiʃən]
똉 이전, 재배치

after the **relocation** in May
5월에 이전하고 나면
ⓟ **relocate** 통 이전하다

06 construction ★
컨스추뤅션 [kənstrʌ́kʃən]
똉 건설

begin **construction** of the new city hall
building 새로운 시청사 건설 공사에 착수하다
ⓟ **construct** 통 건설하다, 구성하다

07 firm ★
뿨ㄹ엄 [fə:rm]
똉 회사 혱 굳건한, 확고한, 튼튼한

register for an internship with an
architectural **firm** 건축 회사에서 인턴십을 신청하다
ⓟ **firmly** 틘 단단하게, 확고하게

08 plant ★
플랜(트) [plænt]
똉 식물, 공장 통 ~을 심다

plants that are native to the area
그 지역의 토종 식물들

Part 4
전화 메시지

▲ MP3 바로듣기　▲ 강의 바로보기

토익 Part 4는 한 사람이 말하는 짧은 담화를 듣고 그 내용에 대한 세 개의 질문에 답하는 유형입니다. Part 4 빈출 담화 유형인 전화 메시지의 내용은 예약 확인, 약속 시간 변경, 정보 요구, 부탁, 주문 확인, 업무 관련 문의나 지시 등 매우 다양합니다. 하지만 내용이 전개되는 방식이 거의 일정하기 때문에 그 흐름을 알고 있으면 담화 내용이 훨씬 잘 들립니다.

■ 전화 메시지 흐름

안녕하세요, 이 메시지는 린 포웰 씨에게 전하는 것입니다. 저는 **푸드 투 유 출장요리 업체**의 찰리 모이어입니다. ……❶ 자기 소개

귀하께서 주문하신 요리들과 관련해 전화 드립니다. 식사는 준비되었지만, **디저트에 지연 문제가 있습니다.** 5시에 두 가지 품목을 한꺼번에 보내 드릴까요, 아니면 식사를 먼저 보내고 쿠키를 나중에 보내 드리기를 원하시나요? ……❷ 전화 건 용건

345-5655로 연락 주셔서 결정 사항을 알려주시기 바랍니다. ……❸ 당부 및 요청사항

■ 전화 메시지 빈출 표현

• This message is for + 사람 이름	○○○ 씨에게 전하는 메시지입니다
• This is 사람 이름 + at/from + 소속	저는 ~에서 근무하는 ○○○입니다
• I'm calling about/regarding ~	~에 관한 내용으로 전화 드립니다
• I'm calling to do	~하기 위해 전화 드립니다
• I'm returning your call about ~	~에 대해 전화주신 것에 대한 답신입니다
• I'd like you to do	귀하께서 ~해 주셨으면 합니다
• Please call/contact me at + 전화번호	제게 ~번으로 전화/연락 주세요
• Please call me back and let me know your decision.	제게 전화 주셔서 결정 사항을 알려주세요.

1 Where does the speaker most likely work?

(A) A catering company

(B) A travel company

> Hello, this message is for Lynn Powell.
> This is Charlie Moyer from **Food To You Catering**.

2 What is the problem?

(A) Some items are not ready.

(B) A machine is not working.

> I'm calling about the dishes you ordered.
> The meals are ready, but **there's a delay with the dessert**.
> Should I send both items together at 5 o'clock, or do you want the meals first and the cookies later?

3 What does the speaker ask the listener to do?

(A) Cancel an order

(B) Make a phone call

> **Please contact me at 345-5655** and let me know your decision.

정답 및 해설 p. 25

DAY 03

Part 4 전화메시지

▲ MP3 바로듣기   ▲ 강의 바로보기

오늘 배운 내용을 바탕으로 연습문제를 풀어 보세요.

1 Where most likely does the speaker work?

(A) At a bank
(B) At a hotel
(C) At a real estate agency
(D) At an office building

2 What does the speaker say about the property?

(A) It has a large backyard.
(B) It is in a convenient location.
(C) It has been remodeled.
(D) It is reasonably priced.

3 What does the speaker ask the listener to do?

(A) Send a payment
(B) Call her back
(C) Visit her office
(D) Arrange a moving service

4 Where does the speaker probably work?

(A) At a furniture store
(B) At a local bank
(C) At a car repair shop
(D) At an electronics shop

5 What does the speaker imply when he says, "And, that's just the beginning"?

(A) He is disappointed with the result.
(B) He found some better options.
(C) He needs assistance now.
(D) He noticed more problems.

6 What does the speaker say he will do?

(A) Purchase some machines
(B) Read an e-mail
(C) Visit a local shop
(D) Send an estimate

Today's VOCA

▲ MP3 바로듣기

01 transportation
트랜스퍼ㄹ테이션 [trǽnspərtéiʃən]
명 교통, 운송

a convenient means of **transportation**
편리한 교통 수단

파 **transport** 동 수송하다 명 수송, 수송 수단

02 closure
클로우저ㄹ [klóuʒər]
명 폐쇄

entrance **closure**
출입구 폐쇄

03 flight
쁠라잇 [flait]
명 항공편

passengers on the **flight** number 286
286 항공편의 탑승객들

04 entrance
엔추뤈스 [éntrəns]
명 출입구, 입장

an **entrance** to the parking garage
주차장 출입구

파 **entry** 명 출입, 입장, 출품(작)

05 property
프롸퍼ㄹ티 [prápərti]
명 부동산, 재산, 특성

a desirable **property**
가치 있는 부동산

06 complex
캄플렉스 [kámpleks]
형 복잡한 명 복합 건물, 단지

perform a **complex** task
복잡한 업무를 수행하다

파 **complexity** 명 복잡성

07 formerly
뽀ㄹ멀리 [fɔ́:rmərli]
부 전에는

be **formerly** a residential area
전에는 주택 지구였다

파 **former** 형 이전의, 전직 ~인

08 institute
인스터툿 [ínstətjuːt]
동 도입하다, 제정하다 명 기관, 협회

institute a new dress code policy
새로운 복장 방침을 도입하다

파 **institution** 명 기관, 제도

DAY 03

Part 4 전화메시지

문맥 파악 ❷

📖 문장 삽입

문장 삽입 문제는 빈칸 앞 또는 뒤의 내용과 흐름이 자연스럽게 연결되는 문장을 고르는 유형입니다. 문맥을 파악해야 하기 때문에 문제를 푸는 시간이 다소 소요되므로 문맥 파악에 도움이 되는 지시어나 정관사, 대명사, 또는 접속부사 등을 단서로 활용하여 빠른 시간 내에 정답을 고를 수 있어야 합니다. 우선, 빈칸 앞 또는 뒤 문장을 먼저 읽어 의미를 파악한 후, 선택지 문장에서 문맥 파악에 도움을 주는 단서를 찾습니다. 이후, 단서를 활용해 빈칸에 들어갈 알맞은 문장을 고르면 됩니다.

TIP Part 6에서 문맥을 보여주는 단서들

- 지시어: this 이것/이러한, these 이것들
- 정관사: the 그
- 대명사: they 그들이, them 그들을/그들에게, it 그것이/그것을
- 접속부사: however 하지만, therefore 그러므로, if so 만약 그렇다면, also 또한

📝 Example 문장 삽입 예제

Please be advised that new staff will be hired at our company's main call center. We will begin **expanding our workforce** early next month. -------.
신입 직원들이 우리 회사의 본사 콜센터에 채용될 것이라는 점에 유의하시기 바랍니다. 우리는 다음 달 초에 인력을 확장하기 시작할 것입니다. -------.

(A) This will allow us to respond to customer inquiries quickly.
이는 우리가 고객들의 문의에 더욱 신속히 대응할 수 있게 해 줄 것입니다.

(B) These will be used in customer service training.
이것들은 고객 서비스 교육에 사용될 것입니다.

(C) Our main call center will be relocated to New York.
본사 콜센터는 뉴욕으로 이전될 것입니다.

(D) It was caused by a decrease in sales.
그것은 매출 감소에 의해 야기되었습니다.

이렇게 풀어보세요!

step ❶ 선택지에서 문맥 파악 단서 확인하기

선택지에서 지시어, 정관사, 대명사, 또는 접속부사와 같은 문맥 파악 단서가 있는지 확인합니다. 모든 선택지가 지시어 또는 대명사를 포함하고 있습니다.

step ❷ 빈칸 앞 문장 해석하기

지시어와 대명사는 이미 앞 문장에서 언급된 것을 가리키므로 앞 문장을 해석해 지시어와 대명사가 가리키는 대상을 찾아야 합니다.

[빈칸앞] 우리는 다음 달 초에 인력을 확장할 거야

step ❸ 알맞은 문장 고르기

인력을 확장하는 일을 This로 가리켜 그로 인해 얻을 수 있는 결과, 즉 고객들의 문의에 신속히 대응할 수 있을 것이라는 내용을 언급한 (A)를 정답으로 고릅니다.

신입 직원이 왔어요.

오늘 배운 내용을 바탕으로 연습문제를 풀어 보세요.

1

I'm writing this letter because I need to know the status of an order my restaurant placed with your company. On July 12, we purchased 10 boxes of high-quality napkins, 23 one-kilogram containers of salt, and 50kgs of assorted sausages. This morning, the napkins and the salt arrived. -------.

(A) Unfortunately, the sausages were not delivered with them.

(B) I want to know how much the sausages are.

memo _____

2

Dear Mr. Henry,

Our records show that you have not yet completed the following four-week modules of the business training program:

• Investment Appraisal
• Cost-Volume-Profit Analysis

-------.

(A) These courses must be completed by the end of the quarter.

(B) Both of the participants can access our lectures 24 hours a day.

Today's VOCA

01 spacious ★

스페이셔스 [spéiʃəs]

형 넓은

offer more **spacious** workspaces
보다 넓은 작업 공간을 제공하다

02 protective ★

프뤄텍티입 [prətéktiv]

형 보호하는, 방어적인

as a **protective** measure for the company
회사를 보호하기 위한 조치로

파 **protect** 동 보호하다

03 once ★★★★

원스 [wʌns]

부 한 번(횟수), 전에, 한때 접 일단 ~하면

have been to Beijing **once**
베이징에 한 번 가본 적이 있다

04 decline ★★★

디클라인 [dikláin]

동 거절하다, 하락하다, 줄어들다 명 하락

decline the invitation
초대를 거절하다

파 **declining** 형 기우는, 쇠퇴하는

05 early ★★

얼-리 [ə́ːrli]

부 일찍, 빨리, 초기에 형 이른, 초기의

come to work **early**
일찍 출근하다

06 interest ★★

인터뤠슷 [íntərest]

명 관심, 흥미, 관심사, 취미 동 관심을 갖게 하다

express great **interest** in
~에 지대한 관심을 나타내다

파 **interested** 형 관심이 있는

07 leave ★★

리-브 [liːv]

동 두다, 떠나다, 남기다 명 휴가

left the extra handouts on one's desk
여분의 유인물을 책상 위에 두었다

08 variety ★★

붜롸이어티 [vəráiəti]

명 다양성, 여러 가지

add a greater **variety** to the menu
메뉴에 더욱 다양한 구성을 추가하다

VOCA

● 단어와 그에 알맞은 뜻을 연결해 보세요.

1 alternatively ● ● (A) 전에는

2 formerly ● ● (B) 그 대신, 그렇지 않으면, 대안으로

3 frequently ● ● (C) 자주, 흔히

● 다음 빈칸에 알맞은 단어를 선택하세요.

4 be ------- located
편리한 곳에 위치하다

5 begin ------- of the new city hall building
새로운 시청사 건설 공사에 착수하다

(A) institute
(B) conveniently
(C) construction

6 ------- a new dress code policy
새로운 복장 방침을 도입하다

● 실전 문제에 도전해 보세요.

7 Once the ------- is complete, the Royal Hotel will be more conveniently situated.

(A) transportation   (B) site
(C) entry   (D) relocation

8 Despite the ------- in sales, the company will invest more of the budget into research.

(A) permit   (B) decline
(C) property   (D) interest

한 주 동안 학습한 내용을 적용하여 기출변형 문제들을 풀어 보세요.

▲ MP3 바로듣기　　▲ 강의 바로보기

1 Where does the conversation take place?

(A) At a dental clinic
(B) At a hotel
(C) At a factory
(D) At a library

2 Why does the man say, "There's a chair over there"?

(A) To apologize for a delay
(B) To recommend a product
(C) To request help with a task
(D) To suggest where to complete a form

3 What does the man most likely give to the woman?

(A) A booklet
(B) A pen
(C) A receipt
(D) A schedule

4 What department does the speaker work in?

(A) Customer services
(B) Online marketing
(C) Public relations
(D) Technical support

5 What problem does the speaker mention?

(A) A document has gone missing.
(B) A shipment has not arrived.
(C) A deadline is too soon.
(D) A part needs to be fixed.

6 What does the speaker offer to do?

(A) Place an order
(B) Speak to his manager
(C) Request a refund
(D) Call a customer

DAY 05

Weekly Test

한 주 동안 학습한 내용을 적용하여 기출변형 문제들을 풀어 보세요.

▲ 강의 바로보기

Questions 1-4 refer to the following e-mail.

Dear Mr. Reynolds,

I am writing to you to show our ❶ ------- for the accounting skills training class you had at our business on November 8. We asked our staff to fill out comment cards ❷ ------- and everyone praised your class. Many employees ❸ ------- feelings that the workshop was surprisingly informative and valuable. ❹ -------. Please let me know if you would revisit us next month.

Best regards,

Patricia Kim

---

1 (A) appreciate
(B) appreciative
(C) appreciated
(D) appreciation

3 (A) expressed
(B) is expressing
(C) will express
(D) has expressed

2 (A) towards
(B) besides
(C) afterwards
(D) almost

4 (A) The lesson will be held every Monday at 9 A.M.
(B) Therefore, we would like to invite you for a follow-up lesson.
(C) We are glad that you enjoyed the training session.
(D) We hope this problem can be solved during the next class.

Questions 5-8 refer to the following advertisement.

Agora Energy Solutions makes saving energy easy! ❺ ------- you want to lower your home heating bills or make your business more energy efficient, we can develop a strategy that will help you achieve your goals.

Visit Agora Energy Solutions today for a free ❻ -------. One of our experienced experts will meet with you to talk about your current energy usage and the ways in which we can help you. ❼ -------. To celebrate the company's 10th anniversary, all clients ❽ ------- a complimentary gift for signing up for our services anytime over the next month.

Don't hesitate! Give us a call at 555-4396 to set up a meeting at our offices.

5 (A) Mostly
   (B) Both
   (C) Always
   (D) Whether

7 (A) These devices utilize the latest technology.
   (B) Our properties are environmentally friendly.
   (C) They have helped many people save money over the years.
   (D) Your energy bills will be sent to you every month.

6 (A) projection
   (B) consultation
   (C) transaction
   (D) restriction

8 (A) have received
   (B) received
   (C) will receive
   (D) were receiving

Week **18**
정답 및 해설

Day 01 의도 파악 문제

Quiz

W: I just got a fax from a client in China and it's all written in Chinese. I need someone to translate it.

M: You know, Mario studied in Beijing.

W: That's right. I'll contact him right away.

여: 제가 방금 중국에 있는 고객으로부터 팩스를 받았는데, 이게 전부 중국어로 적혀 있어요. 이걸 번역해주실 분이 필요해요.

남: 저기, 마리오 씨가 베이징에서 공부하셨어요.

여: 그렇네요. 지금 바로 그분에게 연락해볼게요.

Q. 남자가 "마리오 씨가 베이징에서 공부하셨어요"라고 말할 때 무엇을 의미하는가?
(A) 그는 마리오 씨가 여자를 도울 수 있을 거라고 생각한다.
(B) 그는 마리오 씨가 중국으로 가기를 바란다.

정답 (A)

어휘 get a fax from ~에게서 팩스를 받다 client 의뢰인, 고객 Chinese 중국어 translate ~을 번역하다 contact ~에게 연락하다 right away 지금 바로, 당장

Practice

1. (A)	2. (B)	3. (C)	4. (B)	5. (A)
6. (D)				

Questions 1-3 refer to the following conversation.

W: Have you read any of **1** James Tucker's novels? **2** I read one over the weekend and I keep thinking about it.

M: No, I wanted to buy one of his books a few days ago, but they were already sold out. The store clerk told me that it will not be available until next week.

W: I'm sure it's popular. Well, you know, **3** you can borrow mine if you want.

여: 제임스 터커의 소설들 중 어느 것이든 읽어 보신 적 있으세요? 제가 주말 동안 한 권을 읽었는데 그것에 대해 계속 생각하고 있어요.

남: 아뇨, 며칠 전에 그분의 도서 중 한 권을 구입하고 싶었는데, 이미 품절이었어요. 그 매장 점원이 다음 주나 되어야 구매 가능할 거라고 저에게 말해 주었어요.

여: 분명 인기 있을 거예요. 저, 있잖아요, 원하시면 제 것을 빌려 가셔도 돼요.

어휘 novel 소설 over ~ 동안에 걸쳐 keep -ing 계속 ~하다 기간 + ago: ~ 전에 sold out 품절된, 매진된 clerk 점원 tell A that + 절: A에게 ~라고 말하다 not A until B: B나 되어야 A하다 available 구매 가능한, 이용 가능한 be sure (that) + 절: 분명 ~하다, ~한 것이 분명하다 popular 인기 있는 borrow ~을 빌리다

1. 제임스 터커는 누구일 것 같은가?
(A) 작가
(B) 유명 평론가
(C) 도서관 직원
(D) 영업 사원

정답 (A)

해설 특정 인물의 신분을 묻는 문제이므로 이름과 함께 제시되는 직업명이나 특정 업무, 관련 업계 등을 나타내는 정보에 집중해 들어야 한다. 대화를 시작하면서 여자가 James Tucker's novels라고 말하는 것을 통해 '제임스 터커'는 '작가'임을 알 수 있으므로 (A)가 정답이다.

어휘 critic 평론가, 비평가 employee 직원 sales 영업, 판매, 매출 representative 직원

2. 여자가 "그것에 대해 계속 생각하고 있어요"라고 말한 속뜻은 무엇인가?
(A) 새 집으로 이사하는 것을 고려 중이다.
(B) 책이 매우 인상적이라고 생각한다.
(C) 직장에서 문제를 해결할 수 없었다.
(D) 행사 일정에 대해 우려하고 있다.

정답 (B)

해설 의도 파악 문제의 경우, 제시된 문장을 먼저 확인해 본 다음, 대화 중에 해당 문장이 언급될 때 앞뒤 문장들과 함께 흐름을 파악하는 것이 중요하다. 대화 초반부에 여자가 주말 동안 한 권을 읽었다(I read one over the weekend)는 말과 함께 계속 생각하고 있다고 덧붙이고 있다. 읽은 책이 계속 생각난다는 말은 책에 대해 깊은 인상을 받았다는 것을 의미하므로 이를 언급한 (B)가 정답이다.

어휘 consider -ing ~하는 것을 고려하다 move to ~로 이사하다 impressive 인상적인 solve ~을 해결하다 at work 직장에서, 회사에서 be concerned about ~에 대해 우려하다, 걱정하다

3. 여자는 무엇을 하겠다고 제안하는가?
(A) 남자에게 할인을 제공하는 일
(B) 제품을 즉시 배송하는 일
(C) 물품을 남자에게 빌려주는 일
(D) 일부 정보를 이메일로 보내는 일

정답 (C)
해설 여자가 제안하는 일을 묻고 있으므로 여자의 말에서 제안 표현과 함께 언급되는 정보를 파악하는 데 집중해야 한다. 대화 마지막 부분에 여자가 자신의 것을 빌려 가도 된다(you can borrow mine)고 제안하는 말이 있으므로 물품을 빌려주는 일을 의미하는 (C)가 정답이다.
어휘 **offer to do** ~하겠다고 제안하다 **provide A with B**: A에게 B를 제공하다 **deliver** ~을 배송하다, 전달하다 **immediately** 즉시 **lend A to B**: A를 B에게 빌려주다 **item** 물품, 제품, 품목 **e-mail** v. ~을 이메일로 보내다
Paraphrase borrow mine → lend an item

Questions 4-6 refer to the following conversation.

M: Hello, I saw an advertisement about a position at your publishing company. I'm wondering if I can still apply for it.

W: Yes, you can. We're ４ ５ seeking an applicant who has a lot of experience working as an editor.

M: Well, then it should be okay. ５ I have been in charge of many different magazines and newspapers before.

W: Sounds good. ６ Could you e-mail your résumé today? I'd love to take a look at it and schedule an interview.

··

남: 안녕하세요, 귀하의 출판사에 있는 직책에 관한 광고를 봤습니다. 제가 여전히 지원할 수 있는지 궁금합니다.
여: 네, 하실 수 있습니다. 저희는 편집자로 근무한 경험이 많은 지원자를 찾고 있습니다.
남: 저, 그럼 괜찮을 겁니다. 제가 전에 여러 다른 잡지와 신문을 맡아 본 적이 있습니다.
여: 좋습니다. 오늘 이력서를 이메일로 보내 주시겠어요? 한번 살펴보고 면접 일정을 잡고 싶습니다.

어휘 **advertisement** 광고 **position** 직책, 일자리 **publishing company** 출판사 **wonder if** ~인지 궁금하다 **apply for** ~에 지원하다, ~을 신청하다 **seek** ~을 찾다, 구하다 **applicant** 지원자, 신청자 **experience** 경험, 경력 **as** (자격, 신분 등) ~로서 **editor** 편집자 **then**

그럼, 그렇다면, 그런 다음, 그때 **in charge of** ~을 맡고 있는, 책임지고 있는 **Sounds good** (동의 등을 나타내어) 좋습니다 **e-mail** v. ~을 이메일로 보내다 **résumé** 이력서 **would love to do** (꼭) ~하고 싶다 **take a look at** ~을 한번 보다 **schedule** v. ~의 일정을 잡다

4. 남자는 어떤 직책에 관해 문의하고 있는 것 같은가?
(A) 웹 디자이너
(B) 편집자
(C) 지점장
(D) 회계 직원

정답 (B)
해설 남자가 지원 가능한지 묻는 직책과 관련해, 여자가 편집자로 근무한 경험이 많은 사람을 찾고 있다(~ seeking an applicant who has a lot of experience working as an editor)고 답변하는 상황이다. 따라서 남자가 편집자 직책에 관해 문의하고 있다는 것을 알 수 있으므로 (B)가 정답이다.
어휘 **inquire about** ~에 관해 문의하다 **branch** 지점, 지사

5. 남자가 "그럼 괜찮을 겁니다"라고 말한 의미는 무엇인가?
(A) 일자리에 대해 자격을 갖추고 있다.
(B) 일정을 변경할 수 있다.
(C) 시간이 날 것이다.
(D) 아이디어를 내놓을 수 있다.

정답 (A)
해설 의도 파악 문제의 경우, 문제지에 제시된 문장을 먼저 확인해 본 다음, 대화 중에 해당 문장이 언급될 때 앞뒤 문장들과 함께 흐름을 파악하는 것이 중요하다. 여자가 경험이 많은 지원자를 찾는다고 말하자, 남자가 괜찮을 것이라고 답변하면서 여러 가지 잡지와 신문을 맡아 본 적이 있음(I have been in charge of many different magazines and newspapers ~)을 밝히고 있다. 따라서 자신이 해당 직책에 대한 자격이 있음을 나타내기 위해 괜찮을 것이라고 말한 것으로 판단할 수 있으므로 이와 같은 의미로 쓰인 (A)가 정답이다.
어휘 **be qualified for** ~에 대한 자격이 있다, 적격이다 **available** (사람이) 시간이 나는, (사물이) 구매 가능한, 이용 가능한 **come up with** (아이디어 등) ~을 내놓다, 제시하다

6. 여자는 남자에게 무엇을 하도록 요청하는가?
(A) 기사를 작성하는 일
(B) 웹 사이트를 확인하는 일
(C) 사진을 제공하는 일
(D) 문서를 보내는 일

정답 (D)
해설 여자가 요청하는 일을 묻고 있으므로 여자의 말에서 요청 표현과 함께 제시되는 정보를 파악해야 한다. 대화 마지막에 여

자가 Could you ~? 요청 표현과 함께 이력서를 이메일로 보내도록 요청하는 질문(Could you e-mail your résumé today?)을 한다. 따라서 문서를 보내는 일을 뜻하는 (D)가 정답이다.

어휘 **ask A to do**: A에게 ~하도록 요청하다 **article** (잡지 등의) 기사 **check out** ~을 확인해 보다 **provide** ~을 제공하다 **photograph** 사진

Paraphrase e-mail your résumé → Send a document

정답 (A)

해설 해당 지문은 광고인데, 광고 지문은 일반적으로 현재 제공하는 서비스와 판매 제품 등을 소개하므로 현재시제 (A) offer 이 정답이다.

어휘 **search for** ~을 찾다 **ideal** 좋은 **place** 장소 **child** 아이 **look no further than A** 다른 곳 말고 A를 찾다 **department store** 백화점 **item** 물품 **need** 필요하다 **sell** ~을 판매하다 **pencil** 연필 **notebook** 공책 **backpack** 책가방 **clothes** 의류 **look** 살펴보다 **closely** 자세히 **for sale** 판매하는

Day 02 문맥 파악 ❶

Practice

1. (B)   **2.** (A)

1.

> 수신: 자넷 피터
> 발신: 자넬 심슨
> 제목: 평가일
> 날짜: 9월 19일
>
> 피터 씨께,
>
> 저희와 함께 면접 및 평가일에 참여하는 것에 관심을 보여주셔서 감사합니다. 문의에 대해 답변 드리자면, 채용 과정은 9월 29일 오전 10시에 시작하여 오후 2시에 끝나며, 대략 4시간 정도 <u>지속될 것입니다.</u>

정답 (B)

해설 해당 지문의 작성일은 9월 19일이고, 면접과 평가가 있을 날은 9월 29일이므로 동사의 행위가 미래에 이뤄진다는 것을 알 수 있습니다. 따라서 미래시제 (B) will last가 정답이다.

어휘 **assessment** 평가 **express** ~을 보여주다 **interest** 관심 **attend** ~에 참여하다 **in response to** ~에 대해 답변하여 **query** 문의 **process** 과정 **approximately** 대략 **begin** 시작하다 **finish** 끝내다 **last** 지속되다

2.

> 아이들의 새 학기에 필요한 물품을 구매할 좋은 장소를 찾고 계신다면 다른 곳 말고 바로 티즈데일 백화점을 찾아주십시오. 저희 백화점은 여러분의 자녀가 학교에서 필요한 모든 종류의 물품을 <u>제공해 드립니다.</u> 펜, 연필, 공책, 책가방, 그리고 당연히 모든 종류의 의류도 판매하고 있습니다. 저희가 판매하고 있는 상품을 자세히 살펴보세요.

Day 03 전화 메시지

Quiz

1. 화자는 어디에서 근무하겠는가?
   (A) 출장연회 업체
   (B) 여행사

> 안녕하세요, 이 메시지는 린 포웰 씨에게 전하는 것입니다. 저는 푸드 투 유 출장요리 업체의 찰리 모이어입니다.

정답 (A)
어휘 **catering** 출장요리 제공(업)

2. 무엇이 문제인가?
   (A) 일부 품목들이 준비되지 않았다.
   (B) 기계가 작동하지 않고 있다.

> 귀하께서 주문하신 요리들과 관련해 전화 드립니다. 식사는 준비되어 있지만, 디저트에 지연 문제가 있습니다. 5시에 두 가지 품목을 한꺼번에 보내 드릴까요, 아니면 식사를 먼저 보내고 쿠키를 나중에 보내 드리기를 원하시나요?

정답 (A)
어휘 **item** 물품, 품목 **ready** 준비된 **work** (기계 등이) 작동하다 **dish** 요리 **order** v. ~을 주문하다 n. 주문(품) **meal** 식사 **delay** 지연 **dessert** 디저트 **both** 둘 모두의 **later** 나중에

3. 화자는 청자에게 무엇을 하도록 요청하는가?
   (A) 주문을 취소하는 일
   (B) 전화하는 일

> 345-5655번으로 연락하셔서 결정 사항을 알려 주시기 바랍니다.

정답 (B)

어휘 cancel ~을 취소하다 make a phone call 전화하다 contact ~에게 연락하다 let A know B: A에게 B를 알려주다 decision 결정(한 것)

Practice

1. (C)   2. (A)   3. (B)   4. (C)   5. (D)
6. (D)

Questions 1-3 refer to the following telephone message.

> Hi, Mr. Barlow. This is Kim Christie from **1** Christie Realty. **1** I'm calling to arrange a meeting time so that I can show you the house on Matthews Street. **2** The backyard is extremely spacious, and the property comes with a parking garage and a swimming pool. If you're available, I'd be able to give you a tour of the house tomorrow at noon. **3** Please return my call whenever it is convenient for you.
>
> ----
>
> 안녕하세요, 바로우 씨. 저는 크리스티 부동산의 킴 크리스티입니다. 제가 매튜스 스트리트에 있는 주택을 귀하께 보여 드릴 수 있도록 만나 뵐 시간을 정하고자 전화 드립니다. 뒤뜰은 대단히 넓으며, 건물에 주차용 차고 및 수영장이 딸려 있습니다. 시간이 괜찮으시면, 내일 정오에 이 주택을 둘러보시게 해 드릴 수 있습니다. 언제든지 편하신 시간에 제게 다시 전화 주시기 바랍니다.

어휘 I'm calling to do ~하기 위해 전화 드립니다 arrange ~의 일정을 정하다, ~을 마련하다 so that (목적을 나타내어) ~하기 위해서 show A B: A에게 B를 보여주다 backyard 뒤뜰 extremely 대단히, 매우 spacious 공간이 넓은 property 건물, 부동산 come with ~가 딸려 있다 parking garage 주차용 차고 available (사람이) 시간이 나는 be able to do ~할 수 있다 give A a tour of B: A에게 B를 둘러보게 해 주다, 견학시켜 주다 at noon 정오에 return one's call ~에게 다시 전화하다, 답신 전화하다 whenever ~할 때는 언제든지 convenient 편리한

1. 화자는 어디에서 근무하겠는가?
(A) 은행에서
(B) 호텔에서
(C) 부동산 중개 업체에서
(D) 사무용 건물에서

정답 (C)

해설 화자는 담화 도입부에서 크리스티 부동산(Christie Realty)이라며 부동산에 근무한다고 밝히고 있다. 또한 매튜스 스트리트에 있는 주택을 보여 드릴 수 있도록 만날 시간을 정하고자 전화한다며(I'm calling to arrange a meeting time so that I can show you the house on Matthews Street) 전화를 건 목적을 언급하고 있다. 집을 보여줄 수 있도록 약속을 정하자는 말은 부동산 관련 업체에서 일하는 사람이 할 수 있는 말이므로 (C)가 정답이다.

어휘 real estate agency 부동산 중개 업체

2. 화자는 건물에 대해 무슨 말을 하는가?
(A) 넓은 뒤뜰이 있다.
(B) 편리한 곳에 있다.
(C) 개조된 적이 있다.
(D) 가격이 저렴하다.

정답 (A)

해설 담화 중반부에 화자는 소개해 주려는 건물에 대한 특징을 언급한다. 가장 먼저 뒤뜰에 대해 언급하는데, 뒤뜰이 대단히 넓다(The backyard is extremely spacious)고 말하고 있으므로 이와 동일한 의미를 표현한 (A)가 정답이다.

어휘 property 건물, 부동산 location 위치 remodel ~을 개조하다 reasonably priced 가격이 적절하게 매겨진

3. 화자는 청자에게 무엇을 하도록 요청하는가?
(A) 비용을 송금하는 일
(B) 다시 전화하는 일
(C) 사무실을 방문하는 일
(D) 이사 서비스 업체를 정하는 일

정답 (B)

해설 화자는 담화 맨 마지막에 Please라는 요청 표현을 이용해 다시 전화 주시기 바란다(Please return my call)고 요청하고 있는데, 이는 자신에게 다시 전화해 달라는 것이므로 (B)가 정답이다.

어휘 payment 비용 call A back: A에게 다시 전화하다 arrange ~을 정하다, 마련하다 moving service 이사 서비스 업체

Paraphrase return my call → Call her back

Questions 4-6 refer to the following telephone message.

Hello, Ms. Mitchell. This is Harry calling from **4** One-stop Auto Repair. I just took a look at your car and found that it needs some urgent repairs. The first thing you need to know is that **5** the tires are too old. And, that's just the beginning. **5** There are some other parts that have to be replaced right away. If I perform all the repair work, it might cost you a lot of money. Anyway, **6** I'll create an estimate and e-mail it to you soon. Please take a look at it and let me know. Thank you.

- -

안녕하세요, 미첼 씨. 저는 원스톱 오토 리페어에서 전화 드리는 해리입니다. 방금 귀하의 자동차를 살펴봤는데, 긴급한 수리 작업이 몇 가지 필요하다는 것을 알게 되었습니다. 가장 먼저 알고 계셔야 하는 것은 타이어들이 너무 낡았다는 점입니다. 그리고, 그것은 시작에 불과합니다. 지금 바로 교체되어야 하는 다른 부품들도 몇 가지 있습니다. 제가 모든 수리 작업을 실시한다면, 귀하께서 많은 돈을 들이셔야 할 수도 있습니다. 어쨌든, 제가 견적서를 만들어서 곧 이메일로 보내 드리겠습니다. 한번 확인해 보시고 저에게 알려 주시기 바랍니다. 감사합니다.

어휘 **take a look at** ~을 한번 보다 **find that** ~임을 알게 되다, 알아차리다 **urgent** 긴급한 **repair** 수리 **old** (물품 등이) 낡은, 오래된 **beginning** 시작 **part** 부품, 부분 **replace** ~을 교체하다 **right away** 지금 바로, 당장 **perform** ~을 실시하다, 수행하다 **cost A B**: A에게 B의 비용을 들이게 하다 **anyway** 어쨌든 **create** ~을 만들어 내다 **estimate** 견적(서) **soon** 곧 **let A know**: A에게 알리다

4. 화자는 어디에서 근무하겠는가?
(A) 가구 매장에서
(B) 지역 은행에서
(C) 자동차 수리소에서
(D) 전자제품 매장에서

정답 (C)
해설 담화를 시작하면서 화자가 원스톱 오토 리페어(One-stop Auto Repair)라는 업체 이름과 함께 자동차를 살펴본 사실을 (I just took a look at your car) 언급하고 있으므로 자동차 수리소에 근무하는 것으로 판단할 수 있다. 따라서 (C)가 정답이다.

어휘 **furniture** 가구 **local** 지역의, 현지의 **electronics** 전자제품

5. 화자가 "그리고, 그것은 시작에 불과합니다"라고 말한 의도는 무엇인가?

(A) 결과에 실망한 상태이다.
(B) 더 나은 선택 사항을 발견했다.
(C) 지금 도움이 필요하다.
(D) 더 많은 문제점들을 인식했다.

정답 (D)
해설 담화 중반부에 타이어가 너무 낡은 사실을(the tires are too old) 밝히면서 '그것이 시작에 불과하다'고 말하고 있고, 바로 이어서 다른 부품들도 지금 바로 교체되어야 한다(There are some other parts that have to be replaced right away)는 문제점을 덧붙이는 흐름이다. 즉 타이어 외에 다른 문제점들이 더 있다는 사실을 알리기 위해 한 말이라는 것을 알 수 있으므로 (D)가 정답이다.

어휘 **be disappointed with** ~에 실망하다 **result** 결과(물) **better** 더 나은 **option** 선택할 수 있는 것 **assistance** 도움, 지원 **notice** ~을 인식하다, 알아차리다 **problem** 문제점

6. 화자는 무엇을 할 것이라고 말하는가?
(A) 일부 기계를 구입하는 일
(B) 이메일을 읽어보는 일
(C) 지역 매장을 방문하는 일
(D) 견적서를 보내는 일

정답 (D)
해설 담화 마지막에 화자가 견적서를 만들어 이메일로 보내겠다(I'll create an estimate and e-mail it to you soon)고 말하는 부분이 있으므로 (D)가 정답이다.

어휘 **purchase** ~을 구입하다 **visit** ~을 방문하다 **send** ~을 보내다, 전송하다 **estimate** 견적서

`Paraphrase` e-mail → send

Day 04 문맥 파악 ❷

Practice

1. (A)　　　2. (A)

1.

제 레스토랑에서 귀사에 주문한 것들이 어떤 상태인지 알고 싶어 편지를 씁니다. 7월 12일에, 저는 고급 냅킨 10상자와 1킬로그램 짜리 소금통 23개, 그리고 여러 종류의 소시지 50kg을 주문했습니다. 오늘 아침, 냅킨과 소금은 도착했습니다. 유감스럽게도, 소시지가 함께 배송되지 않았습니다.

정답 (A)

해설 빈칸 앞 문장들에서 주문내역과 배송 내역에 대한 내용이 있고, 두 내역 사이에 미배송된 물품이 있으므로 빈칸에는 상반 접속부사를 통해 배송되지 않은 소시지를 언급하는 (A)가 정답이다.

어휘 because ~때문에 know ~을 알다 status 상태 place an order ~을 주문하다 purchase ~을 구매하다 high-quality 고급의 container 용기 assorted 여러 가지의 arrive 도착하다 unfortunately 유감스럽게도 deliver ~을 배송하다

2.

> 헨리 씨께,
>
> 저희 쪽 기록에는 귀하께서 비즈니스 교육 프로그램 중에 다음의 4주 과정들을 아직 수강 완료하지 않으신 것으로 보여집니다:
>
> • 투자 분석
> • 원가 조업도 이익 분석
>
> 이 과정들은 반드시 이번 분기 말까지 수강 완료되어야 합니다.

정답 (A)

해설 선택지에 지시어 또는 대명사가 포함되어 있는지 먼저 확인해야 하는데, 선택지 (A)에 복수명사를 가리키는 These가 있다. 그리고 빈칸 앞 문장에 4주 과정이라는 복수명사가 있다. 이 4주 과정의 교육 프로그램을 이번 분기 말까지 수강 완료해야 된다는 내용으로 자연스럽게 연결되므로 (A)가 정답이다.

어휘 record 기록 show that ~을 보여주다 yet 아직 complete ~을 수강 완료하다 following 다음의 training 교육 investment 투자 appraisal 분석 cost-volume-profit 원가 조업도 이익 analysis 분석 quarter 분기 both 둘 다 participant 참가자 access ~에 접근하다 lecture 강의

Day 05 Weekly Test

VOCA

1. (B)	2. (A)	3. (C)	4. (B)	5. (C)
6. (A)	7. (D)	8. (B)		

7.

해석 일단 이전이 완료되면, 로열 호텔은 더욱 편리한 곳에 위치할 것이다.

해설 빈칸에는 로열 호텔이 현재 위치한 것보다 더 편리한 곳에 위치하게 되는 이유를 나타낼 어휘가 필요하다. 따라서 '이전'이라는 뜻의 (D) relocation이 정답이다.

어휘 once 일단 ~하면 complete 완료된 conveniently situated 편리한 곳에 위치한 transportation 교통 site 현장, 부지 entry 입장, 출품작 relocation 이전

8.

해석 매출에서의 감소에도 불구하고, 회사는 예산의 더 많은 부분을 연구에 투자할 것이다.

해설 빈칸에는 빈칸 뒤에 제시된 매출의 상태를 나타내면서, 좋지 않은 상황에도 더 많은 예산을 연구에 투자한다는 사실을 나타낼 어휘가 필요하다. 따라서 '감소'라는 뜻의 (B) decline이 정답이다.

어휘 despite ~에도 불구하고 sales 매출 invest 투자하다 budget 예산 research 연구 permit 허가(증) decline 감소, 하락 property 부동산 interest 관심

LC

1. (A)	2. (D)	3. (B)	4. (D)	5. (D)
6. (B)				

Questions 1-3 refer to the following conversation.

> **M:** ■ Welcome to Dr. Lee's Dental Office. How may I help you?
>
> **W:** I just moved to this area, so I'd like to register as a new patient.
>
> **M:** Certainly. I'll just need you to fill out our clinic's registration form. And, I'll need one piece of photo ID.
>
> **W:** Here's my driving license. This form is pretty long, though. ② Do I need to fill it out right here?
>
> **M:** There's a chair over there.
>
> **W:** Thanks. Oh, and ③ do you have something to write with?
>
> **M:** ③ Here you are. Just let me know when you're finished.

남: 닥터 리의 치과 의원에 오신 것을 환영합니다. 어떻게 도와드릴까요?

여: 제가 이 지역에 막 이사와서요, 신규 환자로 등록하고 싶어요.

남: 물론이죠. 저희 의원의 등록 양식을 작성해주시면 됩니다. 그리고 사진이 있는 신분증이 한 장 필요합니다.

여: 여기 제 운전면허증이요. 그런데 이 양식은 꽤 기네요. 제가 바로 여기서 작성해야 하나요?

남: 저기 의자가 있습니다.

여: 감사합니다. 아, 그리고 제가 가지고 쓸 것이 있나요?

남: 여기 있습니다. 다 쓰시면 저에게 알려주세요.

어휘 **dental office** 치과 의원 **move to** ~로 이사하다 **area** 지역 **would like to do** ~하고 싶다, ~하기를 원하다 **register** 등록하다 **patient** 환자 **certainly** 물론이죠, 그럼요 **fill out** (서류 등을) 작성하다 **registration form** 등록 양식, 등록 서류 **photo ID** 사진이 있는 신분증 **driving license** 운전면허증 **though** 그런데, 그래도 **need to do** ~해야 하다 **right here** 바로 여기서 **write with** (필기도구 등) ~을 가지고 쓰다 **let A know**: A에게 알리다

1. 대화가 일어나는 장소는 어디인가?
(A) 치과 의원
(B) 호텔
(C) 공장
(D) 도서관

정답 (A)

해설 대화 초반에 남자가 '닥터 리의 치과 의원에 오신 것을 환영한다'(Welcome to Dr. Lee's Dental Office)고 말한 것을 듣고 대화가 이루어지는 장소가 치과 의원임을 알 수 있다. 따라서 (A)가 정답이다.

어휘 **take place** (사건 등이) 발생하다, 일어나다 **factory** 공장

Paraphrase Dental Office → dental clinic

2. 남자가 "저기 의자가 있습니다"라고 말한 이유는 무엇인가?
(A) 지연된 것에 대해 사과하기 위해서
(B) 제품을 추천하기 위해서
(C) 업무를 도와 달라고 요청하기 위해서
(D) 양식을 작성할 곳을 제안하기 위해서

정답 (D)

해설 남자가 저기 의자가 있다(There's a chair over there)고 말하기 전에 여자가 등록 양식을 바로 여기서 작성해야 하는지 묻는데(Do I need to fill it out right here?), 이것은 등록 양식을 작성할 장소가 여기 밖에 없는지를 묻는 의미이다. 따라서 남자가 저기 의자가 있다고 한 것은 저기에 있는 의자에 앉아 등록 양식을 작성하라는 의미로 말한 것이므로 (D)가 정답이다.

어휘 **apologize** 사과하다 **delay** 지연, 연기 **recommend** ~을 추천하다, 권장하다 **product** 제품 **request** ~을 요청하다 **task** 업무, 과업 **suggest** ~을 제안하다 **complete a form** 양식을 작성하다

3. 남자가 여자에게 무엇을 줄 것 같은가?
(A) 소책자
(B) 펜
(C) 영수증
(D) 일정표

정답 (B)

해설 대화 마지막 부분에서 여자가 남자에게 자신이 가지고 쓸 것을 가지고 있는지 물어보는데(do you have something to write with?), something to write with는 연필이나 펜과 같이 무언가를 쓰는 동작에 필요한 도구를 언급하는 것이므로 (B)가 정답이다.

어휘 **booklet** 소책자 **receipt** 영수증 **schedule** 일정표, 시간표

Questions 4-6 refer to the following telephone message.

Good afternoon, James. **4** This is Mark from Technical Support. I'm calling about your message about the problems you had with the photocopier on the fourth floor. I checked it and I found out what the problem is. **5** One of the parts near the toner cartridge is faulty, and I called the repairman. The repair worker should be arriving in an hour to fix it. If the machine has the same problem in the future, **6** I'll speak to our department supervisor and suggest purchasing a new copier. If you have any questions, don't hesitate to contact me.

안녕하세요, 제임스 씨. 저는 기술 지원부의 마크입니다. 저는 4층에 있는 복사기 때문에 귀하께서 겪으신 문제점에 관한 귀하의 메시지와 관련해 전화 드립니다. 제가 그 복사기를 확인해 보았고, 무엇이 문제인지 확인했습니다. 토너 카트리지 가까이에 있는 부품 중 하나에 결함이 있어서 수리 기사에게 전화했습니다. 그 수리 담당자가 복사기를 고치기 위해 1시간 후에 도착할 겁니다. 만일 앞으로 이 기계에 같은 문제가 발생하면, 저희 부서장님께 말씀 드려서 새로운 기계를 구입하도록 제안할 것입니다. 궁금한 점이 있으시면, 주저하지 마시고 제게 연락 주십시오.

어휘 **technical support** 기술 지원(부) **have a problem with** ~에 문제가 있다 **photocopier** 복사기(= copier) **find out** ~을 발견하다, 알아내다 **part** 부품 **near** ~ 가까이에, 근처에 **faulty** 결함이 있는 **call** ~에게 전화하다 **repairman** 수리 기사(= repair worker) **arrive** 도착하다 **fix** ~을 고치다, ~을 수리하다 **department supervisor** 부서장 **suggest -ing** ~하도록 제안하다 **purchase** ~을 구입하다 **don't hesitate to do** 주저하지 마시고 ~하세요 **contact** ~에게 연락하다

4. 화자는 무슨 부서에서 근무하는가?
(A) 고객 서비스부
(B) 온라인 마케팅부
(C) 홍보부
(D) 기술 지원부

정답 (D)

해설 화자는 담화 시작 부분에 자신을 소개하면서 기술 지원부의 마크라는(This is Mark from technical support) 말로 자신의 소속 부서를 언급하고 있으므로 (D)가 정답이다.

어휘 **public relations** (대외) 홍보(부)

5. 화자는 어떤 문제점을 언급하는가?
(A) 서류 하나가 사라졌다.
(B) 배송 물품이 도착하지 않았다.
(C) 마감시한이 너무 이르다.
(D) 부품 하나가 수리되어야 한다.

정답 (D)

해설 담화 중반부에 화자는 토너 카트리지 가까이에 있는 부품 중 하나에 결함이 있어서 수리 기사에게 전화했다(One of the parts near the toner cartridge is faulty, and I called the repairman)고 말하며 문제점을 언급하고 있다. 이는 해당 부품을 수리해야 한다는 것을 의미하므로 (D)가 정답이다.

어휘 **document** 서류, 문서 **go missing** 사라지다, 분실되다 **shipment** 배송(품) **deadline** 마감시한 **too** 너무 **soon** 이른, 빠른 **need to do** ~해야 하다, ~할 필요가 있다

6. 화자는 무엇을 하겠다고 제안하는가?
(A) 주문을 하는 일
(B) 자신의 부서장에게 이야기하는 일
(C) 환불을 요청하는 일
(D) 고객에게 전화하는 일

정답 (B)

해설 담화의 마지막 부분에서 화자는 앞으로 같은 문제가 발생하면 부서장님께 말씀 드려서 새로운 기계를 구입하도록 제안할 것(I'll speak to our department supervisor and suggest purchasing a new copier)이라고 말하며 자신이 하려는 일을 밝히고 있다. 따라서 (B)가 정답이다.

어휘 **place an order** 주문하다 **request** ~을 요청하다 **refund** n. 환불(액) **customer** 고객

Paraphrase department supervisor → manager

RC

1. (D)	2. (C)	3. (A)	4. (B)	5. (D)
6. (B)	7. (C)	8. (C)		

1-4.

레이놀즈 씨께,

귀하께서 11월 8일에 저희 회사에서 진행하셨던 회계 기술 교육 강좌에 대해 **1** 감사를 표하고자 이메일을 씁니다. 저희는 **2** 그 후에 저희 직원들에게 의견카드를 작성하도록 요청했으며, 모든 사람이 귀하의 강좌를 칭찬해 주었습니다. 많은 직원들은 그 워크숍이 놀라울 정도로 유익했고 가치가 있다는 생각을 **3** 보여 주었습니다. **4** 따라서 후속 교육 강좌를 위해 귀하를 초대하고 싶습니다. 다음 달에 저희를 재방문하실 수 있는지 저에게 알려 주시기 바랍니다.

안녕히 계십시오.

패트리샤 김

어휘 **show** ~을 보여주다 **accounting** 회계 **skill** 기술 **training** 교육 **ask A to do** A에게 ~하도록 요청하다 **staff** 직원들 **fill out** ~을 작성하다 **comment** 의견 **praise** ~을 칭찬하다 **employee** 직원 **feeling** 생각 **surprisingly** 놀라울 정도로 **informative** 유익한 **valuable** 가치 있는 **revisit** 다시 방문하다

1.

정답 (D)

해설 빈칸 앞에 소유격이 있으므로 빈칸은 명사 자리이다. 따라서 (D) appreciation이 정답이다.

어휘 **appreciate** 감사하다 **appreciative** 감사하는 **appreciation** 감사(의 마음)

2.

정답 (C)

해설 빈칸 앞에 의견카드를 작성하도록 요청했다는 말이 있는데, 이는 강좌가 끝난 후에 요청할 수 있는 일이므로 '그 후에'라는 의미로 쓰이는 (C) afterwards가 정답이다.

어휘 **towards** ~ 쪽으로 **besides** 게다가 **afterwards** 그 후에 **almost** 거의

3.

정답 (A)

해설 선택지에 제시된 동사 express와 빈칸 뒤의 feelings는 앞 문장에서 칭찬했다(praised)고 말한 것을 가리킨다. 따라서 과거시제로 쓰인 praised와 동일한 시제가 되어야 하므로 (A) expressed가 정답이다.

어휘 **express** (감정, 생각 등) ~을 나타내다

4.

(A) 그 교육 강좌는 매주 월요일 오전 9시에 열릴 것입니다.
(B) 따라서 후속 교육 강좌를 위해 귀하를 초대하고 싶습니다.

(C) 저희는 귀하께서 교육 강좌를 즐기셨다니 기쁩니다.
(D) 저희는 이 문제가 다음 강좌 중에 해결될 수 있기를 바랍니다.

정답 (B)
해설 빈칸 앞 문장에는 과거에 열린 워크숍이 유익하고 가치 있었
다는 직원들의 의견이 쓰여 있고, 다음 문장에는 상대방에게
다음 달에 다시 와줄 수 있는지 알려 달라는 말이 쓰여 있다.
따라서 워크숍 강좌를 추가로 개최하려는 상황임을 알 수 있
으므로 후속 교육 강좌를 위해 초대하려는 (B)가 정답이다.
어휘 lesson 교육 시간 be held (행사 등이) 개최되다
therefore 따라서 invite ~을 초청하다 follow-up
후속의 glad 기쁜 enjoy ~을 즐거워하다 hope ~을 바라다
problem 문제 be solved 해결되다 during ~ 중에

5-8.

아고라 에너지 솔루션스는 쉽게 에너지 절약을 할 수 있게 해드
립니다! 가정 난방비를 줄이길 **5** 원하시는 분이든 아니면 사업
을 좀 더 에너지 효율적으로 만들길 **5** 원하시는 분이든, 저희는
목표를 달성하는 데 도움이 되는 전략을 개발할 수 있습니다.

오늘 아고라 에너지 솔루션스를 방문하시어 무료 **6** 상담을 받
아보세요. 숙련된 저희 전문가 중 한 명이 여러분과 만나 현재의
에너지 사용에 대해, 그리고 도움을 드릴 수 있는 방법에 대해서
이야기를 해 드릴 것입니다. **7** 그분들은 수 년 동안 많은 사람
들이 비용을 절약하도록 도움을 주셨습니다. 저희 회사의 10주
년을 축하하기 위해, 모든 고객들께서는 다음 달 동안 언제든지
저희 서비스에 가입하시면 무료 선물을 **8** 받으실 것입니다.

망설이지 마세요! 555-4396으로 전화 주셔서 저희 사무실 방문
일정을 잡으세요.

어휘 save ~을 절약하다 lower ~을 낮추다 heating bill 난방비
efficient 효율적인 develop ~을 개발하다 strategy
전략 achieve ~을 달성하다 experienced 숙련된
current 현재의 usage 사용 celebrate ~을 축하하다
anniversary 기념일 complimentary 무료의 sign up
for ~에 가입하다 hesitate ~을 망설이다

5.

정답 (D)
해설 빈칸 뒤 구조가 「A or B」의 구조로 두 개의 절이 연결되어 있
고, 콤마 이후로 또 하나의 절이 나타나 있다. 따라서 빈칸에는
위 구조를 이끌면서 접속사 역할을 할 수 있는 (D) Whether
가 정답이다.
어휘 mostly 대게 both 둘 다 always 항상 whether A or
B A이든 B이든

6.

정답 (B)

해설 선택지가 모두 다른 명사로 구성되어 있으므로 해석을 통해 의
미상 적절한 단어를 찾아야 한다. 빈칸 뒤의 내용으로 보아 회
사를 방문해 이야기를 나누는 것에 대해 언급하고 있으므로
'상담'을 뜻하는 (B) consultation이 정답이다.
어휘 projection 예측 consultation 상담 transaction 거래
restriction 제한

7.

(A) 이 기기들은 최신의 기술을 활용합니다.
(B) 저희 건물들은 환경 친화적입니다.
(C) 그분들은 수 년 동안 많은 사람들이 비용을 절약하도록 도움을
주셨습니다.
(D) 귀하의 에너지 사용 고지서가 매달 귀하께 발송될 것입니다.

정답 (C)
해설 빈칸 앞 문장은 무료 상담을 언급함과 동시에 전문가들이 현
재의 에너지 소비 및 도움이 되는 방법과 관련해 이야기해 준
다는 의미를 나타낸다. 따라서 이 전문가들을 They로 가리켜
그 동안 사람들이 비용을 절약할 수 있게 도움을 주어 왔다는
내용을 담은 (C)가 정답이다.
어휘 device 기기 utilize ~을 활용하다 latest 최신의
property 건물 environmentally friendly 환경
친화적인 over the years 수 년 동안 bill 사용 고지서

8.

정답 (C)
해설 빈칸에 들어갈 동사는 서비스 가입에 따른 조건을 제시하는
의미가 되어야 하므로 앞으로의 일을 나타내는 미래시제 (C)
will receive가 정답이다.
어휘 receive ~을 받다

시원스쿨LAB